F. AUBRY,

AU PEUPLE FRANÇAIS

ET A SES COLLÈGUES

COMPOSANT LE CORPS LÉGISLATIF.

CITOYENS,

J'ÉTOIS loin de prévoir que j'aurois un jour à défendre ma conduite, et mes opérations comme Membre du Comité de Salut Public.

J'avois toujours cru qu'il devoit suffire de tout soumettre au Comité, de ne rien arrêter sans son assentiment, de donner à mon travail cette publicité rassurante qui dissipe toutsoupçon,

A

d'admettre sans distinction aux secours de mes recherches le demandeur timide et sans pouvoir , comme le solliciteur intriguant qui multiplie ses prétentions en raison de ses succès , pour ne pas redouter dans l'enceinte des loix les efforts de ces hommes pour qui la dénonciation est un besoin , la destruction une habitude , et la perte de leurs égaux le seul triomphe auquel ils aspirent. Mais puisqu'enfin ma cruelle destinée trompe mes espérances , et que je me vois une seconde fois au nombre de ces victimes qu'on met en avant pour donner le change sur les événemens , je vais prouver que si, par la logique des tyrans , je pouvois être coupable de tout ce que la calomnie et la fureur de nos derniers dominateurs mettent sur mon compte , le Comité tout entier le seroit comme moi. Je devois m'attendre à cette justice de sa part , lorsque par la plus insigne mauvaise foi , on a dénaturé et mes attributions , et mes opérations comme membre du Comité ; lorsque pendant le tourbillon de la réaction dans laquelle nous avons passé , on ne cessoit de venir à la tribune faire des rapports méchamment , et artificieusement dirigés contre tout ce qui s'est fait dans la partie militaire avant le génie qui plane aujourd'hui sur tous ses mouvemens , et l'esprit régulateur qui instrumente son organisation. Nous verrons dans peu ce qu'aura produit l'esprit de changement qui domine dans cette partie : nous examinerons à notre tour les détails et les résultats de tout ce qu'il aura fait , et par un exact rapprochement , je mettrai le Public à même de juger de quel côté est la bonne foi.

En attendant , je vais me défendre du passé et du présent avec les armes de la vérité toute entière ; on trouvera peut-être que j'en dis trop , mais tyrannisé comme je le suis par les plus absurdes dénonciations , mes malheurs me font une loi de tout dire , pour ne laisser aucune trace de l'odieux qu'on a jeté sur mes opérations.

Je suis entré le 15 Germinal au Comité de Salut public ; j'y ai remplacé Dubois-Crancé, qui n'étoit chargé que du personnel de la guerre, c'est-à-dire , des nominations, des remplacemens, des permissions , des congés et de la partie administrative. A cette époque nous avions huit armées en pleine activité ; on en confia les mouvemens, les approvisionnemens et la surveillance à quatre de mes Collègues , membres du même Comité ; les armées du Nord , de Sambre et Meuse et du Rhin furent le partage de Gillet ; l'armée des Alpes et celles d'Italie furent confiées à Laporte ; celles des Pyrénées Orientales et Occidentales à Lacombe-Saint-Michel ; enfin toutes nos forces dans la Vendée à Lesage. Cette organisation dura un mois , au bout duquel Threilhard remplaça Lesage pour la Vendée , et Gillet fut chargé de toutes les armées. Pour moi , mon attribution fut toujours la même. Ainsi , pour être juste à mon égard , il faut examiner ce qui s'est fait dans cette partie , et c'est ce dont je vais vous entretenir, sans pour cela n'omettre rien de ce qui peut tendre à ma justification.

Je combattis dans le temps ce partage des armées comme contraire à la centralisation des pouvoirs si nécessaire à l'activité, à l'uniformité et à l'ensemble de leurs mouvemens, de leurs opérations et de leurs approvisionnemens en tout genre. Je fis remarquer que chaque partie s'isoleroit et formeroit des prétentions tout-à-fait indépendantes les unes des autres ; j'ajoutai que par la marche naturelle de l'esprit humain, chacun voudroit primer dans sa partie, sans s'inquiéter du sort, ni des besoins des autres, et qu'alors l'unité d'intention deviendroit nulle, par le défaut d'unité d'action. J'avois le droit, je pense, de faire ces observations ; elles n'eurent pas de succès, et je cédai à la majorité.

Le plan de campagne avoit été définitivement arrêté par nos prédécesseurs ; il appartenoit sans doute à mes quatre Collègues qui s'étoient partagés les armées de se faire rendre compte, chacun dans sa partie, de tout ce qui devoit s'y exécuter. Je présume que cela a été fait, mais ce que je puis affirmer, c'est que j'ai été trois mois au Comité sans en entendre parler. J'en excepte cependant les opérations de la Vendée, sur lesquelles le Comité me chargea de lui présenter un projet d'arrêté.

Ce fut le 1er. Prairial que je fis cet arrêté au milieu du tumulte des factieux qui assiégoient et menaçoient l'Assemblée. Cet arrêté existe en original dans les cartons du Comité ; on peut l'examiner, et on y reconnoîtra de nouvelles dispositions qui pendant long-temps nous ont fait marcher de succès en succès dans cette partie.

Je reviens à mon attribution particulière. Vos principes alors étoient de régulariser toutes vos mesures, de réparer les injustices, et de faire oublier tout ce qu'on pouvoit reprocher à la tyrannie qui vous avoit dominé. La partie qui m'étoit confiée, étoit peut-être de toutes les branches du Gouvernement celle qui fournissoit le plus de victimes, c'étoit celle aussi sur laquelle s'étoient encombrés tous les abus de l'anarchie. Des milliers d'officiers avoient été jetés dans les prisons ; on les avoit livrés sans pitié aux tourmens et aux horreurs de la plus affreuse misère. On leur avoit pris leurs malles, leurs chevaux et leur équipage qui faisoient toute leur fortune ; dans

le nombre , il y en avoit beaucoup qui avoient fait les cam-
pagnes de 1792 et 1793. Leurs emplois avoient été donnés
sans mesure pour le nombre , sans égard pour les services ,
sans distinction pour les talens , sans intérêt pour l'économie
de nos finances , sans calcul pour le succès de nos armées
et de leurs mouvemens : je pourrois prouver qu'il y a nombre
d'officiers qui dans un mois , et même huit jours, ont franchis
jusqu'à deux ou trois grades pour arriver à celui de Général
de brigade , ou Général de division. C'est ce torrent d'abus
qu'il falloit arrêter avec précaution ; plusieurs décrets m'en
ont fait un devoir, et je l'ai rempli , comme je le prouverai,
avec tous les ménagemens que les circonstances pouvoient exi-
ger. Je me suis d'abord occupé des victimes , et c'étoit dans
vos intentions , car à cette époque vous vouliez rendre à la
République les talens qu'on avoit écartés ; vous vouliez être
justes, et c'étoit l'être que de rendre la liberté et à leur état
des Citoyens dont les tyrans avoient redouté les lumières , et
méconnu les services.

La loi du 13 Prairial sur les officiers réintégrés vous fut
présentée par mon organe ; elle concilioit et la justice que vous
leur deviez, et la juste économie que vous devez apporter dans
la dispensation des récompenses militaires. Ce fut à peu-près
à cette époque que vous renvoyâtes au Comité le travail sur
les états majors qui vous avoient été présentés par Dubois-
Crancé. C'est-là la source de toutes les persécutions que
j'éprouve ; c'est le talisman de mes lâches dénonciateurs ,
c'est dans ce travail qu'ils puisent à longs traits le venin de la
calomnie et des plus absurdes dénonciations ; c'est sur ce
tableau , où leur nom ne figure pas, qu'ils ne voient que d'an-

ciens valets de cour, des nobles, des royalistes, des chouans, etc. etc., c'est parce qu'on en avoit fait disparoître quelques créatures de ces anciens prôneurs de la tyrannie, qu'on défigure sans vérité et sans mesure ce que la loyauté, la franchise et les meilleures intentions ont cherché pour composer les état-majors.

J'aurai à vous prouver, d'abord, si ce qu'on vous a dit sur ce choix est vrai ; j'aurai à vous faire connoître la part que j'ai eue à ce travail si calomnié ; j'aurai enfin à vous convaincre que si un grand nombre d'officiers se sont trouvés sans emploi, c'est parce que les loix en limitoient le nombre sur les besoins réels de nos armées, et non sur l'ambition de quelques individus qui tournent au gré du parti qui domine.

Mais pour classer les objets comme ils doivent l'être, je dois auparavant vous entretenir de mes opérations dans les journées des 3 et 4 Prairial, et jours suivans, journées que les factieux de toutes les époques dénaturent aujourd'hui pour corrompre l'opinion publique, et par ce moyen qui leur est familier, trouver des bras prêts à exercer leurs vengeances particulières, à servir leur dangereuse ambition, et à insurger au besoin le crime contre la vertu. Le triomphe de l'imposture disparoîtra sans doute par degrés devant la Constitution à laquelle le Peuple français vient de se soumettre. Il appartient à mes persécutions de me donner le courage d'être un des premiers à porter un trait de lumière sur ses derniers progrès, et je vais le faire avec le sentiment du devoir que m'impose le caractère que j'ai dans votre enceinte.

Le 2 Prairial à midi, cinq ou six sections du nombre de celles qui étoient restées fidèles à la Convention le 12 Germi-

nal et le 1er. Prairial , vinrent entourer l'Assemblée pour la
garantir et la défendre. Instruit que les faubourgs s'assem-
bloient pour venir faire de nouvelles tentatives contre la représentation nationale , je proposai au Comité de profiter du
zèle et du courage des sections qui nous entouroient pour les
faire marcher , à l'effet d'empêcher ce nouveau rassemblement
et s'opposer à leur approche, enfin de procéder de suite à leur
désarmement ; on ne crut pas au danger tel qu'il étoit, et on
rejeta ces propositions comme trop violentes. A trois heures
les faubourgs arrivèrent , et à l'instant tout fut pêle-mêle ,
avec le caractère de la fureur peinte sur toutes les figures.
Jamais danger pour l'assemblée ne fut plus évident , et son
salut n'est dû qu'à des hazards que fournit la multitude mûe
sans ordre et avec un mélange de craintes et de vengeances.
Tout se passa en provocations , en menaces , en bravades ,
et enfin sur les dix heures du soir tout se retira de lassitude.

Le lendemain 3 , à deux heures , je fus nommé directeur
de la force armée avec Delmas et Gillet.

La journée du 12 Germinal qui failli coûter si cher à la
Convention , m'avoit démontré la nécessité d'avoir au besoin
des troupes prêtes à seconder le zèle et le courage des sections qui l'avoient défendue. Je vins au nom du Comité de
Salut public proposer un décret tendant à lui permettre de
faire approcher les troupes dans un rayon moindre de dix
lieues. Il fut adopté, et dès-lors j'expédiai par des courriers
extraordinaires l'ordre de faire marcher sur les environs de
Paris les forces disponibles , je les cantonnai par écheions
de manière à avoir ici dans deux heures à peu près douze
cents hommes de cavalerie , et dans deux jours, plus ou moins,
quatre à cinq mille hommes d'infanterie.

Il y avoit plusieurs jours que ces dispositions étoient exécutées , lorsque l'insurrection du 1er. Prairial se manifesta , aussi fut-on très-effrayé et très-étonné de voir arriver de toute part dans la nuit la cavalerie dont nous avons tiré un si bon parti.

Je reviens à mes fonctions , comme directeur de la force armée : nommé à deux heures , à trois j'expédiai des courriers extraordinaires pour faire arriver les troupes à la Plaine des Sablons ; à huit je conçus le projet d'un coup de main sur le faubourg Saint-Antoine , pour enlever les canons des sections qui le composent. Comme je m'occupois des moyens d'exécution , plusieurs de mes Collègues ardens , méfians et soupçonneux dans le danger , gênoient et traversoient la célérité de mes mesures , les uns par des menaces , les autres par de fausses terreurs , ou d'infidèles renseignemens , quelques-uns par des propositions inadmissibles , un autre en me mettant brusquement le tranchant de sa main sur le col , me dit : « tu » auras le cou coupé pour avoir fait venir des troupes ».

C'est à travers de toutes ces contradictions que dans la nuit du 3 au 4 je suis parvenu à faire faire aux Commissions exécutives des prodiges d'activité : hommes , chevaux , canons , fusils , cartouches , subsistances , tout fut prêt à marcher entre deux et trois heures du matin. La jeunesse , dite *de Fréron* à cette époque , se signala par son zèle , son courage , sa soumission et sa persévérance. C'étoit un spectacle bien rassurant pour la chose publique et pour moi , que de la voir sans cesse encouragée et animée tantôt par Talien , tantôt par Fréron , l'un et l'autre passant dans les rangs et regardant le zèle de ces fidèles défenseurs de la représentation nationale , comme le

produit

produit de leurs moyens et l'effet de leur influence. Que ne les
avez-vous entendu comme moi s'écrier dans mon bureau avec
un respectueux enthousiasme : « Voilà cependant les hommes
» qu'on dit royalistes , cela fait pitié , quand la Convention
» saura s'y prendre , elle fera de cette jeunesse ce qu'elle
» voudra ».

Que les temps sont changés ! ou pour mieux dire les hommes.
Si ce qui s'est passé ne suffit pas pour expliquer cette énigme,
l'avenir achèvera de convaincre les incrédules.

Toutes les mesures prises , tous les moyens d'exécution
arrêtés avec le général Kilmaine , qui commandoit l'expédition , je signai vers les trois heures du matin l'ordre de mettre
la colonne en marche ; mon Collègue Gillet venoit de monter
au Comité ; il y avoit trouvé notre Collègue Rabaut-Pommier
qui lui avoit dit que le Comité n'approuveroit point notre
expédition ; il étoit en cet instant séparé , et le décret de notre
création portoit qu'il falloit lui rendre compte de nos mesures ,
Gillet refusa de donner sa signature avant d'avoir consulté le
Comité ; j'insistai en vain auprès de lui pour le décider , il
fallut envoyer chez les membres du Comité , et ce fut Tallien
qui se chargea de cette ambassade ; il revint une heure après
nous rapporter que plusieurs membres du Comité lui avoient
dit qu'en effet ils n'approuvoient point nos mesures : Gillet
persiste dans son refus, le temps se perd, la colonne s'agite
d'impatience et se lasse par l'incertitude ; nous avions déjà
perdu près de deux heures , et ce retard compromettoit le
succès de notre expédition. Cependant les circonstances étoient
telles qu'il falloit ou marcher ou voir s'évanouir et nos forces
et leur zèle : dans ce cruel embarras je me décidai à prendre

tout sur moi, et ce fut alors seulement que Gillet se décida à signer ; la colonne partit vers les cinq heures du matin, mais le faubourg avoit eu le temps d'être averti, et cette première tentative n'eût ni succès ni suite fâcheuse. Je fus instruit vers les sept heures que la colonne se replioit, je lui donnai ordre de s'arrêter sur le boulevard à la hauteur de la rue Montmartre, pour empêcher l'approche du faubourg, et en même temps je fis occuper le Pont-Marie par une autre colonne, pour s'opposer à la jonction du faubourg Saint-Marceau avec le faubourg Saint-Antoine ; j'envoyai successivement dans le jour d'autres petites colonnes pour renforcer ces deux points. A dix heures je me décidai à l'attaque générale du faubourg Saint-Antoine, car il falloit en finir, et cela ne pouvoit se faire qu'en extirpant ses moyens de force et de résistance que les factieux remuoient à leur gré ; je me concertai aussi-tôt avec le Général en chef pour que cette grande opération s'obtint, autant que possible, sans effusion de sang, *car la vie des Citoyens égarés, et même révoltés, est un dépôt de la société, qu'on ne doit violer qu'avec les ménagemens qu'imposent la justice et l'humanité.* J'ordonnai tous les préparatifs d'un grand appareil de force, espérant obtenir par la crainte, ce que je répugnois d'avoir par la violence. Vers les six heures du soir, je mis en marche environ quarante mille hommes sur quatre colonnes, et dans une heure tout le faubourg Saint-Antoine fut investi et bloqué.

J'avois remis au Général en chef une sommation ferme et menaçante pour être communiquée aux Comités civils ; tous les développemens faits, toutes les positions prises, elle leur fut signifiée avec ordre de s'y soumettre dans un quart-d'heure, sous peine de voir agir contre les habitans du faubourg les forces qui l'entouroient. Aussi-tôt les habitans se soumirent, et livrèrent les principaux chefs de la révolte qui duroit depuis trois jours ; j'ordonnai sur-le-champ le désarmement général, et je laissai une forte garnison pour observer le faubourg, et lui rendre la tranquillité.

Ainsi se termina cette journée qui, quoi qu'on en dise, fera époque dans la révolution, car c'est à elle que nous devons la disparution totale de la Constitution de 1793, ouvrage de vos tyrans, pour lequel, quelques jours auparavant, on étoit venu signifier à la Convention l'impérieuse obligation de produire des loix organiques pour le 21 Prairial.

Je ne vous rappelle ce service rendu à mon pays que pour mieux caractériser les débris de l'imposture dont on se sert pour attaquer mes opérations.

Cette victoire étoit donc grande pour la liberté ; elle l'étoit également pour l'humanité, puisqu'elle n'avoit pas coûté une goutte de sang. C'étoit à notre prévoyance à en tirer tout l'avantage dont elle étoit susceptible ; aussi le lendemain nous fîmes disparoître toutes les piques, nous sommames les sections rebelles de livrer leurs canons, et successivement toute les sections remirent les leurs. La Gendarmerie des tribunaux, ainsi que la vingt-neuvième division vous furent infidèles, et elles furent licenciées sur notre proposition : nous ordonnâmes sur-le-champ l'évacuation de l'Arsenal de Paris, enfin tout fut prévu pour ne plus éprouver de secousses dangereuses, ou tout au moins pour avoir à notre disposition une force réprimante, capable de triompher de toutes les tentatives : c'est pourquoi je formai le camp sous Paris, pour balancer les forces qui s'y orga-

nisoient par l'effet de la victoire que nous venions d'obtenir.
Ainsi , tout en fortifiant la garde nationale de Paris par une
organisation régulière , nous lui extirpions ses principaux
moyens , en lui retirant ses canons, et nous fixions à une dis-
tance très-rapprochée de Paris , un noyau d'armée prêt à faire
contre-poids dans la balance.

J'en appelle ici , non à mes dénonciateurs de mauvaise foi,
dont je dédaigne les suffrages, mais à vous tous mes Collègues,
hommes de bien qui ne cherchez que la vérité, que l'enthousiasme
peut égarer, que l'irritation peut agiter , mais que la justice ra-
mène ; j'en appelle, dis-je, à votre mémoire, à vos consciences,
et je leur demande , si toutes ces prévoyances , si toutes ces mesures calculées sur des événemens qui étoient dans l'ordre possible, n'ont pas décidé le triomphe de la Convention du 13 Vendemiaire. Eh ! si cette justice pouvoit m'être refusée dans cette
enceinte , je la retrouverois sans doute au tribunal de l'humanité ; car si les moyens de force avoient été partagés , que de victimes de plus offertes à la révolution , que de hazards dangereux
la liberté eût courrus , que de sacrifices nouveaux il eût fallu
faire , et pour dire tout enfin vous ne seriez peut-être pas ici.

Je viens de soulever un coin du voile dont on couvre mes
opérations ; il me reste à le déchirer tout entier, en ache-
vant de parcourir mon travail comme membre du Comité
de Salut public.

Citoyens, quelque soit le dégoût que vous éprouviez en fixant
encore votre attention sur le travail des états-majors dont,
depuis quelque temps, on vous a entretenus jusqu'à la satiété,
vous me devez ce sacrifice , puisque c'est-là qu'on apperçoit
toutes les vues contre-révolutionnaires qu'on me soupçonne.

(13)

J'avois toujours pensé que dans une tâche aussi pénible, je trouverois dans cette enceinte plus d'appuis que de censeurs. Cette confiance étoit fondée sur ce que tout le monde sait que c'est sur le dispensateur des emplois que se dirigent toutes les passions particulières, toutes les prétentions contradictoires, toutes les ressources de l'ambition, toute la mauvaise foi des intrigans, tout le courage de ces solliciteurs qui n'ont pour eux que la persévérance et l'effronterie, enfin toute la souplesse de ceux qui cachent sous des dehors trompeurs leur ignorance et leur ineptie.

Si j'avois pu prévoir le succès de mes détracteurs sur ce travail, je n'aurois pas hésité de le rejeter comme au-dessus des forces humaines, dès qu'il étoit destiné à devenir le triomphe des mécontens. Quoi qu'il en soit, je vous dois compte des procédés que j'ai suivis pour faire le mieux possible, et prouver mon impartialité dans les choix.

J'ai d'abord invité tous mes Collègues à venir faire, au Comité, leurs réclamations, leurs observations et leurs demandes. Un chef de bureau étoit chargé de les recevoir avec le nom du député en marge de leurs demandes et observations; j'avois pris la double précaution de faire afficher cette invitation dans mes bureaux. Tout s'est fait et exécuté avec ponctualité.

Je me suis fait remettre par le Commissaire de la Commission des Armées, d'abord la liste de tous les officiers composant les états-majors, de tous ceux qui destitués avoient été réintégrés, et qui demandoient à être employés, ensuite les registres des bureaux de la guerre sur lesquels sont classés et la durée et la nature des services de chaque officier, ainsi que les notes envoyées chaque année par les généraux sur chacun d'eux. Je déclare ici que je n'en connoissois pas un seul, et s'il y avoit des doutes sur cette profession de foi, je rappellerois toutes les promotions de Bouchotte, toutes celles des députés qui ont été aux armées, plus treize mois de prison par la volonté des tyrans, enfin tous les changemens qui s'étoient faits dans cette partie, sans ordre, sans mesure et souvent sans justice et sans discernement. Je ne pouvois donc apporter dans les choix ni préventions, ni partialités qui me fussent personnelles.

Dépositaires des seules bases qui pouvoient me guider dans mon travail, j'appellai mes Collègues Gillet et Lacombe-Saint-Michel à mon secours; ils étoient tous deux membres de la section de la guerre, du Comité. Nous formâmes ensemble un bureau de dépouillement, composé de quatre chefs des bureaux; chacun y tenoit un des registres des renseignemens dont j'ai parlé ci-dessus, ainsi que celui sur lequel étoient portées toutes les observations des membres de l'Assemblée. C'est dans cet ordre qu'ayant sous mes yeux la liste que m'avoit remis le Commissaire de la Commission des Mouvemens des Armées, nous scrutâmes, par appel nominal, tous les services et toutes les notes tant des officiers employés que de ceux qui demandoient à l'être. Notre Collègue Gillet, qui avoit été dans les armées pendant dix-huit mois, fixa presque tous les choix de celles du Nord, de Sambre et Meuse et du Rhin. Celui pour les autres armées se fit par les mêmes moyens et avec la même impartialité. Nous passâmes à peu près cinq nuits à faire ce premier dépouillement. Plusieurs de mes Collègues ont été témoins de la franche publicité que nous donnions à cet examen.

Nous ne nous sommes pas arrêtés à ce premier choix, nous l'avons gardé environ 15 jours pour y apporter toutes les modifications que nous recevions sur la foi de la plupart de nos Collégues. Toutes les recommandations particielles ou collectives des Députés, et elles sont en grand nombre, ont été examinées scrupuleusement, et il en est peu auxquelles nous n'ayons pas fait droit, nous en avons souvent trouvé de contradictoires entr'elles, car tout portoit dans ce temps le caractère des passions qui divisoient les esprits, et qui mettoient souvent l'abus du pouvoir en opposition avec la justice. Mais, dans cet embarras, nous comparions entr'elles toutes les données, et nous en tirions le résultat le plus juste et le plus conforme au bien du service. Enfin, pendant les 15 jours qui ont suivis ce travail, le commissaire Pille et Chalon commissaire ordonnateur chef d'un des bureaux du Comité, et beaucoup d'autres, s'occupoient tous les soirs à faire sur la liste les changemens provoqués par les Députés, qui étoient admis tous les jours, à toutes heures, à tout moment, malgré l'immensité des détails dont est surchargée cette partie de service.

C'est après avoir épuisé toutes ces ressources, qu'enfin je me suis décidé à présenter ce travail au Comité ; il y fut lu par le Président, nom par nom, et le Comité y fit quelques changemens, après lesquels il l'approuva et le signa.

Je ne sais s'il est au pouvoir de l'esprit humain de prendre plus de précautions pour bien faire, d'avoir plus de méfiance de soi-même, d'offrir à ses Collègues plus de dévouement et de confiance, de rechercher avec plus de soins et de scrupule le résultat qu'on attendoit de ce travail, enfin de mettre dans l'exercice de ce pénible devoir plus de désintéressement, plus de loyauté, plus de franchise et plus de désir de remplir les intentions de l'Assemblée.

C'est cependant ce travail qu'on calomnie avec tant d'acharnement ; travail qui, d'après ce que je viens de dire, est plus votre ouvrage que le mien, puisqu'il est le résultat de l'influence de la plupart d'entre vous, et qu'il a été vu, lu et approuvé par le Comité de Salut public, travail que vous avez depuis plus de trois mois dans les mains, et qu'on ne jette aujourd'hui dans la mêlée des événemens, que pour multiplier le nombre des victimes. En voici une preuve bien convaincante, vous vous rappellez sans doute la dyatribe et la motion de *Fréron à ce sujet*. Eh bien ! ce dénonciateur n'a pas quitté mes bureaux pendant toute la durée des nominations ; il y sollicitoit sans cesse pour toutes ses créatures dont il prévoyoit avoir besoin : on trouveroit dans les cartons du Comité nombre de demandes signées de lui, avec des apostilles instantes. A cette époque il feignoit une franchise, une bonhomie dont j'ai été la dupe. Les intérêts de son beau-frère la Poype lui tenoient fort à cœur ; et comme c'est un Général fort dérangé, puisque ses créanciers avoient formé opposition à la trésorerie au paiement de ses appointemens, il l'épauloit de tout son crédit, et parvint à obtenir pour lui tout ce qu'il demandoit, tel que son placement aux Alpes, comme Général de division, la levée pour les deux-tiers de ses appointemens, de l'opposition faite à la trésorerie, des indemnités particulières en raison de ce qu'il avoit été destitué et mandé à Paris.

Mais, si ces vérités ne suffisoient pas pour dévoiler son intrigue et sa perfidie, j'ajouterois l'anecdote suivante : il vint me trouver dans mon bureau, trois jours avant ma sortie du Comité, et voici le langage qu'il me tint : « Je viens te parler de Barras, » tu devrois faire quelque chose pour lui ; il n'est rien dans le

» militaire,

» militaire, et je voudrois profiter des momens que tu as encore
» à passer au Comité pour lui faire donner un grade analogue
» à son âge et à ses services, il n'y a pas un instant à perdre,
» car tu vas en sortir et tu y seras probablement remplacé par
» quelqu'un que je ne me soucierai pas d'approcher ». Je lui
demandai quels étoient les services de Barras, il me répondit qu'il
croyoit qu'il avoit jadis servi dans la marine, mais qu'au reste
il étoit sûr que c'étoit le ci-devant Maréchal de Castries qui
l'avoit destitué, et qu'une recommandation pareille suffisoit pour
légitimer tout ce qu'on feroit pour lui. Je lui répondis que j'étois
très-disposé à faire tout pour Barras, et que je ne doutois pas que
le Comité ne reconnut dans mes propositions pour lui, l'acte de
justice qui étoit dû à ses services pour la chose publique, comme
membre de la Convention nationale. Barras peut témoigner
l'empressement que j'ai mis à faire valoir ses droits au Comité.

D'après ce nouveau trait de mon dénonciateur, appréciez,
Citoyens, sa bonne foi, sa justice et sa reconnoissance. Rap-
prochez ces rôles avec les époques auxquelles ils appartiennent,
et vous le verrez bientôt créateur et détracteur du zèle et des
mouvemens d'une jeunesse qu'il a conduit à sa perte, tantôt
solliciteur et dénonciateur d'un travail auquel il a pris toute la
part qu'il désiroit, et prononcez sur le cas que vous pouvez
faire de ce Caméléon politique, qui prend toutes les formes qui
peuvent servir sa détestable et dangereuse ambition : c'est cependant de sa plume, de sa bouche, et de son cœur qu'est sorti
cette fameuse dénonciation contre mon travail qui a trouvé
tant de faveur dans l'Assemblée, et après laquelle il est parti
pour aller tenter dans le Midi de nouveaux essais de ses intri-
gues.

C

Mais c'est assez vous entretenir de ce dénonciateur d'un nouveau genre, il est temps de reprendre mon sujet.

Le travail pour les Commissaires des guerres s'est fait sous les mêmes formes que celles adoptées pour les états-majors; j'y ai ajouté de plus celle d'un jury composé d'une douzaine de Commissaires des guerres en activité; j'avois eu l'attention de les faire choisir de manière à ménager les intérêts de tous les partis; c'est ce Jury qui m'a aidé de ses lumières dans ce travail, et c'est d'après sa censure rapprochée des notes trouvées sur la capacité, la fidélité et la conduite de chaque Commissaire des guerres, que j'ai assis définitivement le choix de cette classe d'officiers publics : c'est ainsi que de précautions en précautions, de prévoyances en prévoyances, je croyois avoir acquitté ma conscience.

Je rends graces au temps malheureux qui vient de se passer, et dont mes ennemis ont si indignement abusé, puisqu'il me met dans la nécessité de donner le jour à des développemens qui fussent restés ensévelis, sans les provocations répétées qu'on m'a faites, sans le coup qu'on m'a porté.

Je finis cet ennuyeux sujet par rappeller à l'Assemblée que j'ai trouvé environ treize cents Commissaires des guerres employés et soldés sans besoin; que la loi du mois de Nivose dernier les fixoit à six cents, que parconséquent j'ai dû faire sept cents mécontents, solliciteurs ou dénonciateurs; qu'en outre il y avoit sur le tableau des états-majors environ cinq cents Adjudans généraux, et que les besoins des armées n'en exigeoient que deux cents et quelques, que les officiers généraux, tant en activité que réintégrés étoient aussi en nombre superflu aux besoins du service. Ainsi, en me renfermant dans la rigueur

de mes devoirs , je devois m'attendre à voir multiplier les ennemis de mes opérations ; c'est à l'Assemblée , c'est à la justice de tous les temps à juger si je devois les redouter, et croire
à leur triomphe.

Je n'ai plus maintenant à vous entretenir que du passage du
Rhin , qui m'est absolument étranger, et sur lequel on cherche
cependant contre moi un nouveau genre de responsabilité.

Souffrez , Citoyens, que je vous fasse l'aveu de toute la pa-
tience qu'il me faut pour répondre avec modération , d'abord à
l'absurde mauvaise foi de mes dénonciateurs , ensuite au silence
sans doute très-prudent de ceux de mes Collègues qui ont été
témoins de mes travaux et de mes opinions dans le Comité.

Ce fut vers la fin de Messidor, c'est-à-dire, plus de trois mois
après mon entrée au Comité , qu'on parla pour la première
fois devant moi du passage du Rhin. Je vous ai déjà fait connoître au commencement de cette défense, qu'elle étoit la dis-
tribution des travaux du Comité pour la partie militaire, et vous
avez dû remarquer que je n'ai jamais eté chargé des mouvemens des Armées ni de la correspondance avec les généraux , il
ne m'appartenoit donc pas de caractériser trop de curiosité sur
une attribution qui m'étoit étrangère, et quiconque connoît la
marche des travaux du Comité, sait très-bien qu'elle est circons-
crite dans les limites conventionnelles qui ne disparoissent que
devant le Comité assemblé ; je devois donc comme les autres ,
à mon collègue chargé de la partie des mouvemens , ma
portion de confiance pour tout ce qu'il étoit chargé de sur-
veiller et de regler ; il convient d'ajouter à cette obligation
de confiance réciproque , la nécessité où l'on est souvent
au Comité de délibérer sans avoir égard au nombre des

délibérans, dès que la loi qui veut qu'on soit aumoins cinq est remplie.

Tout ce que je viens de dire, explique comment il est possible que j'aie été plus de trois mois sans entendre parler d'une opération déjà définitivement arrêtée avant mon entrée au Comité, et dont la surveillance de l'exécution ne m'appartenoit pas.

Enfin, comme je viens de le dire, vers la fin de Messidor, je me trouvai présent à une discussion sur le passage du Rhin ; je me permis quelques observations que je vais rapporter ici, autant que ma mémoire peut me servir, afin de vous mettre à même de les apprécier et de juger si elles étoient à l'acquit de mes devoirs comme membre du Comité de Salut public, en séance.

Je demandai ce qu'il convenoit au gouvernement de savoir : d'abord si on étoit assuré de tous les moyens d'exécution, et ensuite de tous ceux qu'il falloit pour se maintenir chez l'ennemi, tout aumoins sans gêne et sans échec ; j'étois sûr à cette époque que le service des transports étoit incomplet, qu'on étoit réduit pour les subsistances à des mesures inquiétantes, que tous les agrès et ustenciles pour les ponts n'étoient pas prêts. Je demandai donc un compte exact de tous ces détails, et il n'y a aucun membre du Comité qui puisse nier qu'alors leur résultat n'étoit pas satisfaisant ; l'ordre du passage du Rhin étoit donné depuis long-tems, mais les moyens d'exécution manquoient. Une opération de cette importance et de cette difficulté ne se fait pas comme un à droite, ou un à gauche, au coup de baguette.

Pressé comme mes collègues par le désir de donner à nos armées triomphantes une occasion de courir une chance aussi brillante ; je me permis de proposer au Comité un moyen prompt de lever nos doutes et de soulager notre embarras : ce moyen consistoit à envoyer par des courriers extraordinaires au général Pichegru et au général Jourdan une serie de questions renfermant tout ce qu'enfin il nous importoit de savoir d'une manière exacte, pour ne pas livrer aux hazards d'un zèle louable mais imprudent , le sort d'un mouvement qui devoit déterminer l'époque de la paix; cette proposition sage et juste , fut adoptée par le Comité , et le lendemain les courriers extraordinaires furent expédiés.

Cette discussion nous conduisit insensiblement à parler du plan de campagne, et je ne crains pas de répéter ici ce que je dis alors au Comité.

Je pense, lui dis-je, que l'on a mal fait d'adopter un plan offensif sur tous les points, car quand on est court de moyens, c'est les affoiblir que de les diviser, c'est même quelquefois les rendre nuls. Il falloit , ajoutai-je , calculer le parti qui devoit nous mener le plus promptement à la paix; et une fois ce parti trouvé et convenu, rassembler la majorité de nos ressources pour le faire réussir; vos victoires , vos positions et le reste de vos moyens, devoient vous suffire pour vous maintenir sur une défensive respectable sur tous les autres points. Pour surcroît d'infortunes , nous étions alors fortement menacés d'une descente d'anglais et d'émigrés sur les côtes de la ci-devant Bretagne : Elle eut lieu quelques jours après.

Le Comité avoit fait passer dans cette partie un secours de 12,000 hommes de l'armée du Nord; pressé par ce nouveau danger, nous fimes filer sur Alençon une partie de nos moyens de transport déstinés pour celle du Rhin , ainsi que nos ressources d'un autre genre, il falloit aller au plus pressé. Par-tout nous étions dans une gêne inquiétante pour les subsistances; les arrivages ne se faisoient pas sans trouble et sans pillage, et on étoit forcé d'y employer des troupes qui nous eussent été plus utiles contre l'ennemi : Les événemens et les embarras se multiplioient chaque jour, avec une rapidité qui nous laissoit à peine le temps de suffire aux prévoyances nécessaires. Notre correspondance nous apprenoit à toute heure, que depuis la descente, la chouannerie grossissoit d'une manière effrayante , et on nous demandoit des forces et toujours des forces; on nous marquoit du midi que les assassinats se propageoient, que la désertion dans nos armées se multiplioit à un point inquiétant, qu'il falloit des troupes, tantôt dans un point, tantôt dans un autre. L'armée d'Italie avoit de grands besoins en tout genre, elle étoit à la veille d'être attaquée par de grandes forces, et se voyoit réduite à ses moindres termes même pour la résistance. Celle des Pyrénées-Orientales étoit aussi aux expédients pour se maintenir et diminuer la désertion. Nos assignats sur les frontières étoient de nulle valeur ; dans toute la ci-devant Bretagne , on ne vouloit pas même de notre monnoye républicaine ; une partie de ces maux a disparu depuis par les ressources et la prévoyance du gouvernement , mais ils existoient tous à l'époque dont je parle, et c'est ce qui fit que deux jours après la discussion dont je viens de parler, Louvet et Lesage remirent sur le tapis la grande opé-

ration du passage du Rhin. Peu ou point instruits des suites
de la descente qui venoit de s'effectuer, notre imagination
travailloit sans cesse sur nos dangers, et s'épuisoit en efforts
pour trouver des ressources capables de s'opposer aux progrès
que nous redoutions. Louvet ramena l'attention du Comité
sur la question de savoir, si notre position, telle qu'elle étoit
alors, pouvoit nous permettre de porter très-promptement nos
armées au-delà du Rhin : il croyoit ainsi que Lesage et moi,
qu'il étoit prudent, avant d'isoler ainsi nos ressources, d'attendre
quelque chose de positif sur les progrès de nos ennemis aux
côtes de Bretagne. Il disoit que pour le moment nos ennemis les
plus dangereux étoient réunis sur ce point ; que s'ils croissoient,
ils ne tarderoient pas à se multiplier sur nos limites, et enfin à
venir siéger en maîtres au centre de Paris. Balotté par cette
cruelle alternative, je fis observer au comité, que pour mettre
à couvert sa responsabilité, il convenoit de faire filer promptement sur le Calvados, environ 15 à 20 mille hommes, pour
former une troisième ligne de défense entre les limites de Paris
et le pays insurgé, que cette ligne serviroit de point d'appui
aux troupes que nous avions en avant ; que ne pouvant empêcher le progrès de l'opinion, il falloit au moins s'opposer
à celui des armes, et qu'enfin, en admettant même toutes les
chances malheureuses, nous aurions à notre décharge cette
nouvelle prévoyance que je croyois nécessaire ; on étoit assez
d'accord sur ce parti, mais il présentoit pour son exécution
une difficulté presqu'insurmontable, parce que nos ressources
en hommes étoient épuisées, et qu'on répugnoit, avec juste
raison, à tirer quelque chose des armées du Rhin et de Sambre
et Meuse.

Il y eut encore dans le Comité quelques développemens sur le même sujet qui me donnèrent l'idée de lui présenter le lendemain, par forme d'instruction, un mémoire très-abrégé, contenant la marche présumée qu'il falloit suivre pour le succès de la grande opération du Rhin : je le promis au Comité, et nous nous séparâmes dans cet état pénible de fluctuation et d'incertitude sur le parti que nous avions à prendre.

C'étoit à peu près dans les premiers jours de Thermidor que tout cela se passoit : le 6, nous apprîmes les succès de l'affaire de Quiberon, et dès-lors il n'y eût plus ni difficultés, ni oppositions pour le très-prompt passage du Rhin. Je fis cependant part au Comité du petit résumé que je lui avois promis, plutôt pour notre instruction commune que pour prolonger des débats qui n'avoient plus de motifs : on m'observa qu'il renfermoit des détails d'exécution qui pourroient fort bien ne pas cadrer avec les idées des Généraux, et les jetter dans une incertitude qu'ilfalloit leur épargner, pour lacélérité de cette grande opération. Je me rendis sans peine à ces réflexions, et le mémoire n'eût pas d'autre suite.

Nous reçûmes précisément à cette époque la réponse des Généraux sur les questions que nous leur avions envoyées par des courriers extraordinaires, et depuis lors, à la veille de ma sortie du Comité, je n'ai plus été pour rien ni directement ni indirectement dans ce qui s'est fait pour mettre enfin en mouvement nos armées du Rhin de Sambre et Meuse.

Le passage du Rhin ne s'est effectué par l'armée de Sambre et Meuse que plus de cinq semaines après ma sortie du Comité il y avoit donc des raisons indépendantes de la volonté du Comité qui le retardoient. Pourquoi alors me demande-t-on

sortie

compte de ce retard ? Pourquoi affecte-t-on d'ignorer que cette partie ne m'etoit pas confiée ; que pendant les quatre mois que j'ai passé au Comité, elle a appartenu le premier mois à Lacombe - Saint - Michel , le deuxième et le troisième mois à Gillet , enfin le quatrième à Doulcet ? Pourquoi , dans la nuit du 1er. Vendemiaire , lorsqu'on jetoit dans l'Assemblée les premières bases d'une nouvelle tyrannie , et qu'on cherchoit des victimes , Merlin de Douay , avocat toute sa vie , et devenu tout-à-coup militaire par la vertu de son républicanisme , est-il venu avec son courage ordinaire , se glisser à la tribune , comme un lézard se glisse dans son trou quand il a peur , pour vous dire , fort à propos , sans doute , qu'il avoit été très-étonné à sa rentrée au Comité d'apprendre que le passage du Rhin n'étoit pas encore effectué ? Si son mauvais cœur ne l'éclaire pas sur sa mauvaise foi , j'en appelle à son esprit et à sa mémoire qui ne peuvent le tromper , car sur les quatre mois que j'ai passé au Comité il en avoit été deux avant moi , il étoit donc bien sûr de son triomphe , lorsque cette même nuit il a osé dire à l'Assemblée qu'il avoit trouvé dans la section qu'il occupe , et qui étoit la mienne , une foule d'affaires en arrière , pourquoi n'a-t-il pas ajouté que Letourneur l'avoit occupé pendant un mois avant lui ?

Quoiqu'il en soit , je lui déclare ici que j'ai entre mes mains par feuilles décadaires signées de chaque chef de bureau , tout le travail qui s'est fait dans ma section , sous ma surveillance pendant les quatre mois que j'ai passé au comité , et que j'y trouve le démenti formel de ce qu'il a avancé. Non , Merlin , non , je n'ai pas laissé la queue d'une affaire en arrière , et je le prouverai si cela devient nécessaire ; mais ces détails sont du ressort d'une autre défense si l'on trouve celle-ci insuffisante. En attendant je te laisse avec la honte d'avoir menti à ta conscience, et avec les regrets de voir encore échapper les triomphes que tu cherches sur mes jours et sur ma réputation.

Il me reste maintenant à demander à ces dénonciateurs par nature, par caractère et par ambition, non, s'ils sont royalistes ou républicains, mais ce qu'ils ont fait pour le bonheur de leur pays, pour obtenir sans crimes et sans vices cette liberté qu'ils rendent haineuse, capricieuse et cruelle, au lieu de la maintenir dans la paisible jouissance des vertus qui en font l'appanage ; c'est à ce seul témoinage qu'il faut que des législateurs en appellent, s'ils veulent être jugés ce qu'ils sont, et non à des mots vides de sens, avec lesquels on trompe la multitude, comme autrefois le courtisan trompoit par ses bassesses le despote dont il faisoit son idole.

C'est à ce testament politique que j'en appelle, et non à des déclamations lourdes, puériles et fastidieuses à l'aide desquelles on cache la corruption de son cœur. C'est ce parallèle avec mes ennemis que je provoque avec cette confiance qu'inspire la constante pratique d'une fidélité sans tache pour le salut et le bonheur de mon pays ; qu'ils s'expliquent donc ces héros par excellence de la révolution, qui se disent sans cesse les seuls républicains et qui répudient tous ceux qui ne sont pas comme eux exagérés, dominateurs, dénonciateurs et sanguinaires. Ces modestes républicains qui crient vengeance quand ils n'ont pas sur leurs égaux cette suprématie impérieuse qui les fait craindre, parce qu'il n'est pas en leur pouvoir de se faire aimer et respecter. Je sens que j'obéis au sentiment d'indignation dont je suis pénétré ; mais lors que je m'appésantis sur l'excès de tyrannie que j'éprouve depuis deux ans, je trouve dans cette affligeante idée de quoi justifier le mépris que je laisse à mes persécuteurs.

S'ils s'étoient contentés de m'attaquer tout seul, j'aurois peut-être mis sur le compte de leurs erreurs ce qui appartient à leur mauvaise foi, et à leur mauvais cœur. Mais vouloir faire partager mon sort à un ami estimable qui, sur la confiance de l'amitié, à bien voulu partager mes travaux, mes fatigues et mes dégoûts; qui, sans place, sans titre et sans rétribution s'est livré à la fidélité du gouvernement pour lui être utile par ses talens, par ses lumières, par son zèle et sa constance au travail; qui, pour prix de ses vertus et de sa fidélité aux intérêts de son pays, vient d'être porté au corps législatif par la confiance de ses concitoyens; qui fuyoit depuis long-temps ces distinctions auxquelles sont attachées tant d'injustices, tant de calomnies, tant de persécutions; qui m'avoit dit souvent, je ne sais à quoi je m'expose, mais enfin je fais à l'amitié le sacrifice de cette inquiétude dont je ne puis me défendre, je veux parler de G..u qui n'étoit point mon commis, mais bien mon ami, sur lequel je n'avois d'autres droits que ceux que donne une confiance sans bornes et réciproque, qui n'est point un contre révolutionnaire, comme on l'a dit à la tribune, mais bien un ami fidèle de son pays, un citoyen essentiel par ses propriétés et la valeur qu'il y donne, par ses ressources pour la chose publique, quand de meilleure foi à son égard on saura le mettre àsa place.

Lache et méprisable imposteur, renonce aujourd'hui à t'élever par de pareils moyens sur la chûte et la dispersion des hommes de bien : sans talens et sans courage, tu as voulu te saisir de la tyrannie, et elle t'a échappé au moment où tu comptois la tenir. On trouvera dans les ruines de Lyon le sang qui doit

tracer l'exécrable mémoire de tes exploits sur cette malheu-
reuse cité , on trouvera dans les ténébres de la nuit du 10 Mars
1793. , la part active que tu as prise dans la conspiration qui se
tramoit aux Jacobins pour la destruction sur l'heure de la représentation nationale , on trouvera dans tes discours prononcés
dans ce tripot de conspirateurs et d'assassins , l'intention bien
soutenue de faire disparoître pour toujours du sein de l'assemblée
ceux de ses membres qui offusquoient ton orgueil , qui dévoi-
loient tes mauvais desseins , qui attaquoient tes erreurs , qui
proscrits par les anciens tyrans , n'avoient plus pour eux que
les hazards ou la mort ; on trouvera . . . . . . Mais ce mémoire déja trop long ne me permet pas de tout tracer ; d'ail-
leurs je laisse à mon ami Gau le soin de se défendre , et je prends
ici l'engagement d'être son second au besoin.

En attendant je dois déclarer à l'assemblée , je dois
déclarer au public que s'il étoit possible, d'après ce que je
viens de rapporter , qu'il y eut entre nous deux un coupable ,
ce seroit moi. Pendant les quatre mois que j'ai passé au comité ,
il ne s'est rien fait dans ma section , que je n'aye éxaminé et
approuvé. La responsabilité ne doit donc porter que sur moi ,
et je la réclame avec ce courage qu'inspirent l'innocence et la
bonne-foi.

Citoyens , vous devez faire cesser la tyrannie qui pèse sur
Gau , rendez à la liberté , rendez à ses fonctions un citoyen
qui s'est livré dans le tems sur la foi d'un gouvernement
juste à l'ardeur de son amitié et de sa confiance pour moi ; je
vous le demande au nom de la justice , je vous le demande
pour prix des persécutions que j'éprouve depuis deux ans ,
je vous le demande enfin à l'acquit de votre fidélité pour la
constitution qui fait notre sauve-garde commune. Je m'ou-

blierai moi-même s'il le faut pour le succès de ce que je reclame
en faveur de l'amitié et de la confiance.

Je viens de faire connoître la vérité , c'est maintenant à
l'assemblée de prononcer si la suspension de l'exercice de mes.
droits est légale: si dans la nuit du 1er. Brumaire , à la suite
d'un appel nominal , après lequel il restoit un très petit nom-
bres de membres, on a pû avec quel qu'apparence de justice, sans
fait réels et positifs , sans même les nuances d'une preuve sur ce
qui se disoit à mon égard , sans m'avoir entendu , lancer contre
moi un décret d'arrestation et me repousser de votre sein dans
lequel je venois d'acquérir de nouveaux droits par l'itérative
volonté du peuple ; si lorsque l'amnistie porte sur des hommes
dont les pas dans la carrière politique sont autant de traces
de destructions, de violences et d'erreurs , on peut mécon-
noître plus long-tems à notre égard ce que la justice reclame
imperrésieusement ce que votre absolue dépendance de la constitution ne vous permet pas d'enfreindre , ce que même l'intérêt
de chacun de vous , veut que vous ne violiés jamais.

J'attends , citoyens, l'effet des grandes vérités que je viens
de vous rappeller , je les porte au tribunal du peuple entier ,
qu'on s'efforce depuis long-tems de tromper sur ma fidélité
pour ses intérêts et son bonheur. Toujours juste à mon égard
malgré mes détracteurs , je n'ai reçu de lui depuis le commencement de la révolution que des témoignages de justice et de
confiance ; j'y ai répondu en le servant avec fidélité , les persécutions que j'éprouve depuis un an , en sont une preuve. J'y
répondrai à l'avenir avec la même persévérance , dussai-je
rencontrer encore dans ma course la vengeance de quelques
nouveaux dominateurs.

S'il manquoit encore quelque preuve pour légitimer le travail sur les états-majors, je dirois que j'apprends à l'instant que tous les renseignemens parvenus jusqu'à ce jour au comité de Salut public et venant des généraux sur les officiers portés dans ce travail , sont tous en leur faveur et trés désavantageux à ceux qui par l'effet de ce même travail sont restés sans emploi.

On m'ajoute que mes détracteurs et mes dénonciateurs s'éxercent dans l'ombre sur un nouveau genre de calomnies ; j'attends pour y répondre qu'ils aient l'impudeur de les rendre publiques et je prends ici l'engagement de les confondre avec autant de courage et de fidélité que je viens d'en mettre à tracer ma déffense.

F. AUBRY.

P. S. On trouvera peut-être qu'il manque à mon mémoire, pour la curiosité du public , un petit mot de réponse à la pitoyable sortie que Lehardy de la-Seine Inférieure a faite contre moi pour décider mon arrestation ; je l'avois faite par forme de lettre , que je devois mettre à la suite de cette défense, parce que j'avois pensé , qu'attaqué jusques dans l'intérieur de ma vie privée , je devois , malgré le sujet peu important par lui-même , renvoyer la balle au joueur , c'est-à-dire, ridiculiser davantage les ridicules sottises de mon lâche adversaire ; mais de vrais amis, car il en est encore , m'ont observé que ce qui étoit sorti de la bouche de Lehardy , n'étoit qu'une sale orgie de paroles , contre laquelle je ne devois jamais me mesurer , qu'elle ne pouvoit avoir ni mérite pour le public , ni vraisemblance pour ceux qui me connoissent, qu'ainsi je n'avois rien de mieux à faire que de la laisser moissonner toute seule le mépris et le dégoût qu'elle inspire. Je me suis rendu à cet avis, et j'ai retiré ma lettre.

TABLEAU des Officiers-Généraux nommés par le dernier atrvail du Comité, et portés en conséquence sur la liste imprimée et distribuée aux membres de la Convention.

GÉNÉRAUX DE DIVISION.

Pour la ligne, y compris les Généraux en chef. . . . 114
Pour l'artillerie. . . . . 8 } 125.
Pour le Génie. 3

Dont
{ Cent-huit anciens et continués, ci. 108
{ Deux remplacés par décrets. { Desprez Crassier 1 } 2
{   { Aug. Harville. . 1
Quinze rappellés au service par ce travail,

S A V O I R :

Beauregard. 1
Bizy, ancien et excellent Officier du génie. 1
Champmorin, *idem.* 1
Dumesnil. 1
Foissac, ancien et un des meilleurs Officiers du génie. . . . . } 1
Fontbonne. 1
Kaeling. 1
Landremont. . . . . 1 } 15
Lapoype. 1
Picot-Bazus. 1
Sahuguel. 1
Schawenbourg. 1
Stenget. 1
Tourville. 1
St.-Rémi, un des meilleurs Officiers-généraux d'artillerie. . . . . } 1

Quantité pareille. . . 125.

GÉNÉRAUX DE BRIGADE.

Pour la ligne. . . . . 211 ⎫
Pour l'artillerie. . . . . 12 ⎬ 227.
Pour le génie. . . . . , . 4 ⎭

Dont {
Deux cents quatorze déjà employés comme ⎫ 214
généraux en chef de brigade. . . . . . . ⎭

Un qui depuis ce travail a donné sa démission , ci. 1
Un remplacé par décret, (Montchoisy), ci. . . . 1
Onze rappellés par ce travail,

S A V O I R :

Barnguey - d'Hilliers , recommandé par un ⎫ 1
arrêté du Comité militaire. . , ... ⎭
Belhencourt. 1
Desperrieres. 1
Fontenille. 1
Dupont – Chaumont. 1
Félix, a donné sa démission. . . . . . mémoire ⎬ 11
Lacuce. 1
Lestranges. 1
Moutigny. 1
Okeie-patrice. 1
Serviez. 1
Verdieres. 1

Quantité pareille. 227

RÉCAPITULATION GÉNÉRALE.

Généraux de division portés sur le travail y compris ⎫ 125. ⎫
ceux de l'artillerie et du génie. . . . . ⎭ ⎬ 352.
Généraux de brigade y comppris ceux de l'artillerie et ⎫ 227. ⎭
du génie. . , ... ⎭

En déduisant de ce nombre ,

Quatorze Généraux de division rappellés par ce travail. . 14. ⎫ 25.
Onze Généraux de brigade, *idem*. . . . . 14. ⎭

R É S U L T A T. . . . , . . 327.

lesquels 327 officiers généraux étoient déjà employés dans les armées , et n'ont éprouvés d'au tre changemens que ceux résultans de leur répartition exacte dans les différentes armées , suivant les besoins du service.

F. AUBRY.

De l'Imprimerie LACROIX, rue Favart, N°. 425.